Wombats

Julie Murray

Abdo
ANIMALES NOCTURNOS
Kids

abdopublishing.com

Published by Abdo Kids, a division of ABDO, PO Box 398166, Minneapolis, Minnesota 55439.
Copyright © 2019 by Abdo Consulting Group, Inc. International copyrights reserved in all countries.
No part of this book may be reproduced in any form without written permission from the publisher.

Printed in the United States of America, North Mankato, Minnesota.

052018

092018

 THIS BOOK CONTAINS RECYCLED MATERIALS

Spanish Translators: Telma Frumholtz, Maria Puchol

Photo Credits: Alamy, Glow Images, iStock, Minden Pictures, Shutterstock

Production Contributors: Teddy Borth, Jennie Forsberg, Grace Hansen

Design Contributors: Christina Doffing, Candice Keimig, Dorothy Toth

Library of Congress Control Number: 2018931614

Publisher's Cataloging-in-Publication Data

Names: Murray, Julie, author.

Title: Wombats / by Julie Murray.

Other title: Wombats. Spanish

Description: Minneapolis, Minnesota : Abdo Kids, 2019. | Series: Animales nocturnos |
    Includes online resources and index.

Identifiers: ISBN 9781532180200 (lib.bdg.) | ISBN 9781532181061 (ebook)

Subjects: LCSH: Wombats--Juvenile literature. | Nocturnal animals--Juvenile literature. |
    Endemic animals--Australia--Juvenile literature. | Spanish language materials--Juvenile literature.

Classification: DDC 599.2--dc23

Contenido

Wombats

Se encuentran sólo en Australia.

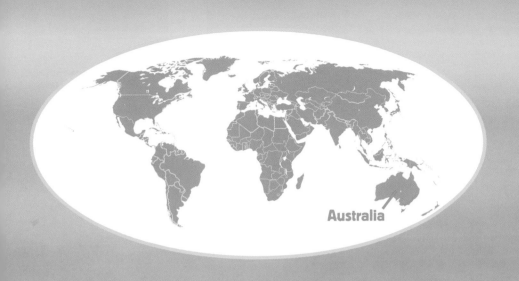

Australia

Tienen las orejas y los
ojos pequeños.

Tienen las patas cortas. Su cola es corta también.

Tienen **pelaje** en el cuerpo.
Puede ser de cualquier tono
de marrón.

Tienen garras afiladas.

Les sirven para excavar.

Los wombats duermen durante el día en **madrigueras**.

Salen por la noche. ¡Están listos para comer!

Sólo comen plantas. Comen pasto y raíces.

Sus crías crecen en la **bolsa marsupial**. Beben leche de sus madres.

Características de los wombats

cola corta

garras afiladas

orejas pequeñas

patas cortas

Glosario

bolsa marsupial
pliegue en la panza de algunos animales donde crían a sus recién nacidos.

madriguera
agujero o túnel, excavado por un animal pequeño.

pelaje
pelo corto, fino y suave de algunos animales.

Índice

Abdo Kids
ONLINE
FREE! ONLINE MULTIMEDIA RESOURCES

¡Visita nuestra página **abdokids.com** y usa este código para tener acceso a juegos, manualidades, videos y mucho más!

Código Abdo Kids:
NWK4091